**Wyt ti'n gwybod**

# Cŵn sy'n gweithio

www.peniarth.cymru

Testun: Bethan Clement, 2018
© Delweddau: Canolfan Peniarth, Prifysgol Cymru Y Drindod Dewi Sant, 2018

Golygyddion: Lowri Lloyd ac Eleri Jenkins

Dyluniwyd gan Rhiannon Sparks

© Lluniau: Shutterstock.com. © T 11 OVMRO (Ogwen Valley Mountain Rescue Organisation)

Cyhoeddwyd yn 2018 gan Ganolfan Peniarth

Wyt ti'n gwybod

# Cynnwys

Dyma Ianto.

Ci Noa yw Ianto.

Pa waith mae'r cŵn
yn ei wneud?

3

# Cŵn ar ffarm

Dyma Clip, y ci defaid.
Mae Clip yn gofalu am y fferm a'r anifeiliaid.

Mae Clip yn gweithio ar y fferm.

Mae'n cyfarth pan mae
rhywun yn dod.

Dyma Mot a Lisa. Dydy Lisa ddim yn gallu cerdded. Mae Mot yn helpu Lisa i siopa.

Dyma Mot.

Dyma George.

Dyma Carys a George.
Mae Carys yn ddall.
Mae George yn helpu
Carys i fynd o le
i le.

Dyma Macs.

Mae Macs yn mynd i weld plant ar ward y plant yn yr ysbyty. Mae e'n gwneud y plant yn hapus.

Dyma Sbarc

Dydy Mali yma ddim yn hoffi darllen fel arfer ond mae hi'n hoffi darllen i Sbarc.

9

Dyma Rex.

Dyma Jo a Rex. Ci chwilio ac achub ydy Rex. Mae e'n chwilio am bobl ar ôl daeargryn yn yr Ukraine.

Dyma Sally a Spin.

Mae Sally a Spin
yn helpu dod o hyd
i bobl sydd ar goll
ar y mynydd.

Dyma Spin.

Dyma Abi.

Mae hi'n neidio i
mewn i'r môr i achub
dyn sy'n boddi.

# Cŵn yr heddlu

Dyma Mellt.

Dyma PC Heledd Wynne a Mellt.
Mae Mellt yn helpu'r heddlu. Mae Mellt
yn teithio yn yr hofrennydd o dro i dro
pan maen nhw'n rhedeg ar ôl lladron.

# Mynegai